l'école - l'école · 2
le voyage - le voyage · 5
le transport - le transport · 8
la ville - la ville · 10
le paysage - le paysage · 14
le restaurant - le restaurant · 17
le supermarché - le supermarché · 20
les boissons - les boissons · 22
l'alimentation - l'alimentation · 23
la ferme - la ferme · 27
la maison - la maison · 31
le salon - le salon · 33
la cuisine - la cuisine · 35
la chambre de bain - la salle de bain · 38
la chambre d'enfant - la chambre d'enfant · 42
les vêtements - les vêtements · 44
le bureau - le bureau · 49
l'économie - l'économie · 51
les professions - les professions · 53
les outils - les outils · 56
les instruments de musique - les instruments de musique · 57
le zoo - le zoo · 59
les sports - les sports · 62
les activités - les activités · 63
la famille - la famille · 67
le corps - le corps · 68
l'hôpital - l'hôpital · 72
l'urgence - l'urgence · 76
la terre - la terre · 77
l'horloge - ...heure(s) · 79
la semaine - la semaine · 80
l'année - l'année · 81
les formes - les formes · 83
les couleurs - les couleurs · 84
les oppositions - les oppositions · 85
les nombres - les nombres · 88
les langues - les langues · 90
qui / quoi / comment - qui / quoi / comment · 91
où - où · 92

Impressum
Verlag: BABADADA GmbH, Nedderfeld 112 , 22529 Hamburg
Geschäftsführer / Verlagsleitung: Harald Hof
Druck: Books on Demand GmbH, In de Tarpen 42, 22848 Norderstedt

Imprint
Publisher: BABADADA GmbH, Nedderfeld 112 , 22529 Hamburg, Germany
Managing Director / Publishing direction: Harald Hof
Print: Books on Demand GmbH, In de Tarpen 42, 22848 Norderstedt

diviser
diviser

186/2

le tableau noir
le tableau noir

la salle de classe
la salle de classe

la cour de récréation
la cour (de récréation)

l'enseignant
le professeur

le papier
le papier

écrire
écrire

le stylo
le stylo

le bureau
le bureau

la règle
la règle

le livre
le livre

l'élève
l'élève

le sac d'école
le cartable

la trousse
la trousse

le crayon
le crayon

le taille-crayon
le taille-crayon

la gomme
la gomme

le carnet à dessin
le carnet à dessin

le dessin
le dessin

le pinceau
le pinceau

la boîte de peinture
la boîte de peinture

les ciseaux
les ciseaux

la colle
la colle

le cahier d'exercices
le cahier d'exercices

les tâches
les devoirs

le chiffre
le chiffre

additionner
additionner

soustraire
soustraire

multiplier
multiplier

calculer
calculer

la lettre
la lettre

l'alphabet
l'alphabet

le mot
le mot

le texte

le texte

lire

lire

la craie

la craie

la leçon

la leçon

le livre de classe

le livre de classe

l'examen

l'examen

le certificat

le certificat

l'uniforme scolaire

l'uniforme scolaire

la formation

la formation

le lexique

le lexique

l'université

l'université

le microscope

le microscope

la carte

la carte

la corbeille à papier

la corbeille à papier

l'hôtel
l'hôtel

l'auberge
l'auberge

le bureau de change
le bureau de change

la valise
la valise

la voiture
la voiture

la langue
la langue

oui / non
oui / non

d'accord
d'accord

Salut
Salut

l'interprète
l'interprète

merci
merci

Combien coûte...?

Combien coûte...?

Je ne comprends pas

Je ne comprends pas

le problème

le problème

Bonsoir!

Bonsoir !

Bonjour!

Bonjour !

Bonne nuit!

Bonne nuit !

Au revoir

Au revoir

la direction

la direction

les bagages

les bagages

le sac

le sac

le sac-à-dos

le sac-à-dos

l'hôte

l'hôte

la pièce

la pièce

le sac de couchage

le sac de couchage

la tente

la tente

l'office de tourisme

l'office de tourisme

la plage

la plage

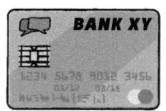

la carte de crédit

la carte de crédit

le petit-déjeuner

le petit-déjeuner

le déjeuner

le déjeuner

le dîner

le dîner

le billet

le billet

l'ascenseur

l'ascenseur

le timbre

le timbre

la frontière

la frontière

la douane

la douane

l'ambassade

l'ambassade

le visa

le visa

le passeport

le passeport

le transport

l'avion
l'avion

le navire
le navire

le véhicule de pompiers
le véhicule de pompiers

le bus
le bus

le camion
le camion

le bateau à moteur
le bateau à moteur

la bicyclette
la bicyclette

la voiture
la voiture

le ferry

le ferry

la barque

la barque

la moto

la moto

la voiture de police

la voiture de police

la voiture de course

la voiture de course

la voiture de location

la voiture de location

l'autopartage

l'auto-partage

la dépanneuse

la voiture de remorquage

la benne à ordures

la benne à ordures

le moteur

le moteur

l'essence

l'essence

la station d'essence

la station d'essence

le panneau indicateur

le panneau indicateur

le trafic

le trafic

l'embouteillage

l'embouteillage

le parking

le parking

la gare

la gare

les rails

les rails

le train

le train

le tram

le tramway

le wagon

le wagon

l'hélicoptère

l'hélicoptère

l'aéroport

l'aéroport

la tour

la tour

le passager

le passager

le container

le conteneur

le carton

le carton

le chariot

le chariot

la corbeille

la corbeille

décoller / atterrir

décoller / atterrir

la ville

la ville

le village

le village

le centre-ville

le centre-ville

la maison

la maison

le cinéma
le cinéma

la publicité
la publicité

le réverbère
le réverbère

la rue
la rue

le taxi
le taxi

le piéton
le piéton

le kiosque
le kiosque

le trottoir
le trottoir

le passage piéton
le passage piéton

la poubelle
la poubelle

le carrefour
le carrefour

les feux de circulation
les feux de circulation

la cabane
la cabane

l'appartement
l'appartement

la gare
la gare

la mairie
la mairie

le musée
le musée

l'école
l'école

l'université

l'université

la banque

la banque

l'hôpital

l'hôpital

l'hôtel

l'hôtel

la pharmacie

la pharmacie

le bureau

le bureau

la librairie

la librairie

le magasin

le magasin

le fleuriste

le fleuriste

le supermarché

le supermarché

le marché

le marché

le grand magasin

le grand magasin

la poissonnerie

la poissonnerie

le centre commercial

le centre commercial

le port

le port

le parc

le parc

la banque

la banque

le pont

le pont

les escaliers

les escaliers

le métro

le métro

le tunnel

le tunnel

l'arrêt de bus

l'arrêt de bus

le bar

le bar

le restaurant

le restaurant

la boîte à lettres

la boîte à lettres

le panneau indicateur

le panneau indicateur

le parcomètre

le parcmètre

le zoo

le zoo

le réverbère

le réverbère

la mosquée

la mosquée

la ferme
la ferme

la pollution
la pollution

le cimetière
la cimetière

l'église
l'église

l'aire de jeux
l'aire de jeux

le temple
le temple

le paysage
le paysage

la feuille
la feuille

le panneau indicateur
le panneau indicateur

le chemin
le chemin

le pré
le pré

la pierre
la pierre

le randonneur
le randonneur

l'arbre
l'arbre

la rivière
la rivière

l'herbe
l'herbe

la fleur
la fleur

la vallée

la vallée

la montagne

la montagne

le lac

le lac

la forêt

la forêt

le désert

le désert

le volcan

le volcan

le château

le château

l'arc-en-ciel

l'arc-en-ciel

le champignon

le champignon

le palmier

le palmier

le moustique

le moustique

la mouche

la mouche

les fourmis

les fourmis

l'abeille

l'abeille

l'araignée

l'araignée

le scarabée

le coléoptère

la grenouille

la grenouille

l'écureuil

l'écureuil

le hérisson

le hérisson

le lapin

le lièvre

la chouette

la chouette

l'oiseau

l'oiseau

le cygne

le cygne

le sanglier

le sanglier

le cerf

le cerf

l'élan

l'élan

le barrage

le barrage

l'éolienne

l'éolienne

le panneau solaire

le panneau solaire

le climat

le climat

le restaurant

le serveur
le serveur

le menu
le menu

la chaise
la chaise

la soupe
la soupe

la pizza
la pizza

les services
les couverts

la nappe
la nappe

les hors d'œuvre
les hors d'œuvre

le plat principal
le plat principal

le dessert
le dessert

les boissons
les boissons

l'alimentation
l'alimentation

la bouteille
la bouteille

le fast-food

le fast-food

les plats à emporter

les plats à emporter

la théière

la théière

le sucrier

le sucrier

la portion

la portion

la machine à expresso

la machine à expresso

la chaise haute

la chaise haute

la facture

la facture

le plateau

le plateau

le couteau

le couteau

la fourchette

la fourchette

la cuillère

la cuillère

la cuillère à thé

la cuillère à thé

la serviette

la serviette

le verre

le verre

l'assiette

l'assiette

l'assiette à soupe

l'assiette à soupe

la soucoupe

la soucoupe

la sauce

la sauce

la salière

la salière

le moulin à poivre

le moulin à poivre

le vinaigre

le vinaigre

l'huile

l'huile

les épices

les épices

le ketchup

le ketchup

la moutarde

la moutarde

la mayonnaise

la mayonnaise

l'offre promotionnelle
l'offre promotionnelle

le client
le client

les produits laitiers
les produits laitiers

FOR

les fruits
les fruits

le caddie
le chariot

la boucherie
la boucherie

la boulangerie
la boulangerie

peser
peser

les légumes
les légumes

la viande
la viande

les aliments surgelés
les aliments surgelés

la charcuterie

la charcuterie

les conserves

les conserves

la poudre à lessive

la poudre à lessive

les bonbons

les bonbons

les articles ménagers

les articles ménagers

les détergents

les détergents

la vendeuse

la vendeuse

la caisse

la caisse

le caissier

le caissier

la liste d'achats

la liste d'achats

les heures d'ouverture

les heures d'ouverture

le portefeuille

le portefeuille

la carte de crédit

la carte de crédit

le sac

le sac

le sac en plastique

le sac en plastique

les boissons

l'eau
l'eau

le jus de fruit
le jus de fruit

le lait
le lait

le coca
le coca

le vin
le vin

la bière
la bière

l'alcool
l'alcool

le chocolat chaud
le chocolat chaud

le thé
le thé

le café
le café

l'expresso
l'expresso

le cappuccino
le cappuccino

la banane

la banane

la pomme

la pomme

l'orange

l'orange

le melon

le melon

le citron

le citron.

la carotte

la carotte

l'ail

l'ail

le bambou

le bambou

l'oignon

l'oignon

le champignon

le champignon

les noisettes

les noisettes

les pâtes

les pâtes

les spaghettis

les spaghetti

le riz

le riz

la salade

la salade

les frites

les pommes frites

les pommes de terre rôties

les pommes de terre rôties

la pizza

la pizza

le hamburger

le hamburger

le sandwich

le sandwich

l'escalope

l'escalope

le jambon

le jambon

le salami

le salami

la saucisse

la saucisse

le poulet

le poulet

le rôti

le rôti

le poisson

le poisson

les flocons d'avoine

les flocons d'avoine

le muesli

le muesli

les cornflakes

les cornflakes

la farine

la farine

le croissant

le croissant

les petits-pains

les petits-pains

le pain

le pain

le pain grillé

le pain grillé

les biscuits

les biscuits

le beurre

le beurre

le fromage blanc

le fromage blanc

le gâteau

le gâteau

l'œuf

l'œuf

l'œuf au plat

l'œuf au plat

le fromage

le fromage

la glace

la glace

le sucre

le sucre

le miel

le miel

la confiture

la confiture

la crème nougat

la crème nougat

le curry

le curry

la ferme

la ferme
la ferme

la grange
la grange

la botte de paille
la botte de paille

le champ
le champ

le cheval
le cheval

la remorque
la remorque

le poulain
le poulain

le tracteur
le tracteur

l'âne
l'âne

l'agneau
l'agneau

le mouton
le mouton

la chèvre
la chèvre

la vache
la vache

le veau
le veau

le porc
le porc

le porcelet
le porcelet

le taureau
le taureau

l'oie
l'oie

le canard
le canard

le poussin
le poussin

la poule
la poule

le coq
le coq

le rat
le rat

le chat
le chat

la souris
la souris

le bœuf
le bœuf

le chien
le chien

le chenil
le chenil

le tuyau de jardin
le tuyau de jardin

l'arrosoir
l'arrosoir

la faucheuse
la faucheuse

la charrue
la charrue

la faucille

la faucille

la pioche

la pioche

la fourche

la fourche

la hache

la hache

la brouette

la brouette

la cuve

la cuve

le pot à lait

le pot à lait

le sac

le sac

la clôture

la clôture

l'étable

l'étable

la serre

le serre

le sol

le sol

les semences

les semences

l'engrais

l'engrais

la moissonneuse-batteuse

la moissonneuse-batteuse

récolter

récolter

la récolte

la récolte

l'igname

l'igname

le blé

le blé

le soja

le soja

la pomme de terre

la pomme de terre

le maïs

le maïs

le colza

le colza

l'arbre fruitier

l'arbre fruitier

le manioc

le manioc

les céréales

les céréales

la cheminée
la cheminée

le toit
le toit

la gouttière
la gouttière

la fenêtre
la fenêtre

le garage
le garage

la sonnette
la sonnette

la porte
la porte

la poubelle
la poubelle

la boîte aux lettres
la boîte aux lettres

le jardin
le jardin

le salon
le salon

la chambre de bain
la salle de bain

la cuisine
la cuisine

la chambre à coucher
la chambre à coucher

la chambre d'enfant
la chambre d'enfant

la salle à manger
la salle à manger

le sol

le sol

le mur

le mur

le plafond

le plafond

la cave

la cave

le sauna

le sauna

le balcon

le balcon

la terrasse

la terrasse

la piscine

la piscine

la tondeuse à gazon

la tondeuse à gazon

la fourre de duvet

la housse

la couette

la couette

le lit

le lit

le balai

le balai

le sceau

le sceau

l'interrupteur

l'interrupteur

la maison - la maison

le papier peint
le papier peint

l'image
l'image

la lampe
la lampe

l'étagère
l'étagère

l'armoire
l'armoire

la télé
la télé

la cheminée
la cheminée

la fleur
la fleur

le coussin
le coussin

le canapé
le sofa

le vase
le vase

la télécommande
la télécommande

le tapis
le tapis

le rideau
le rideau

la table
la table

la chaise
la chaise

la chaise à bascule
la chaise à bascule

le fauteuil
le fauteuil

le livre

le livre

la couverture

la couverture

la décoration

la décoration

le bois de chauffage

le bois de chauffage

le film

le film

la chaîne hi-fi

la chaîne hi-fi

la clé

la clé

le journal

le journal

la peinture

la peinture

le poster

le poster

la radio

la radio

le bloc-notes

le bloc-notes

l'aspirateur

l'aspirateur

le cactus

le cactus

la bougie

la bougie

le frigo
le réfrigérateur

le four à micro-ondes
le four à micro-ondes

la balance de cuisine
la balance de cuisine

le toasteur
le grille-pain

le détergent
le détergent

le four
le four

le compartiment congélateur
le compartiment congélateur

la poubelle
la poubelle

le lave-vaisselle
le lave-vaisselle

le four

le four

la casserole

la casserole

la marmite

la marmite

le wok/kadai

le wok / kadai

la poêle

la poêle

la bouilloire électrique

la bouilloire electrique

le cuiseur vapeur

le cuiseur vapeur

la plaque de cuisson

la plaque de cuisson

la vaisselle

la vaisselle

le gobelet

le gobelet

le bol

la coupe

les baguettes

les baguettes

la louche

la louche

la spatule

la spatule

le fouet

le fouet

la passoire

la passoire

le tamis

le tamis

la râpe

la râpe

le mortier

le mortier

le barbecue

le barbecue

la cheminée

la cheminée

la planche à découper

la planche à découper

le rouleau à pâtisserie

le rouleau à pâtisserie

le tire-bouchon

le tire-bouchon

la boîte

la boîte

l'ouvre-boîte

l'ouvre-boîte

les maniques

les maniques

le lavabo

le lavabo

la brosse

la brosse

l'éponge

l'éponge

le mixeur

le mixeur

le congélateur

le congélateur

le biberon

le biberon

le robinet

le robinet

la douche
la douche

le chauffage
le chauffage

la serviette
la serviette

le rideau de douche
le rideau de douche

le bain moussant
le bain moussant

la baignoire
la baignoire

le verre
le verre

la machine à laver
la machine à laver

le robinet
le robinet

le carrelage
le carrelage

le pot
le pot

le lavabo
le lavabo

les toilettes
les toilettes

la toilette à la turque
la toilette à la turque

le bidet
le bidet

l'urinoir
l'urinoir

le papier toilette
le papier toilette

la brosse à toilette
la brosse à toilette

la brosse à dents

la brosse à dents

le dentifrice

le dentifrice

le fil dentaire

le fil dentaire

laver

laver

la douche manuelle

la douche manuelle

la douche intime

la douche intime

la vasque

la vasque

la brosse dorsale

la brosse dorsale

le savon

le savon

le gel douche

le gel douche

le shampooing

le shampooing

le gant de toilette

le gant de toilette

l'écoulement

l'écoulement

la crème

la crème

le déodorant

le déodorant

le miroir

le miroir

le miroir cosmétique

le miroir cosmétique

le rasoir

le rasoir

la mousse à raser

la mousse à raser

l'après-rasage

l'après-rasage

la peigne

la peigne

la brosse

la brosse

le sèche-cheveux

le sèche-cheveux

la laque pour cheveux

la laque pour cheveux

le fond de teint

le fond de teint

le rouge à lèvres

le rouge à lèvres

le vernis à ongles

le vernis à ongles

l'ouate

l'ouate

le coupe-ongles

le coupe-ongles

le parfum

le parfum

la trousse de toilette
....
la trousse de toilette

le tabouret
....
le tabouret

la balance
....
le pèse-personne

le peignoir
....
le peignoir

les gants de nettoyage
....
les gants de nettoyage

le tampon
....
le tampon

les serviettes hygiéniques
....
les serviettes hygiéniques

la toilette chimique
....
la toilette chimique

la chambre d'enfant

le réveil
le réveil

le doudou
le doudou

la voiture jouet
la voiture jouet

le hochet
le hochet

la maison de poupée
la maison de poupée

le cadeau
le cadeau

le ballon
le ballon

le lit
le lit

la poussette
la poussette

le jeu de cartes
le jeu de cartes

le puzzle
le puzzle

la bande dessinée
la bande dessinée

les pièces lego
les pièces lego

les blocs de construction
les blocs de construction

la figurine
la figurine

la grenouillère
la grenouillère

le frisbee
le frisbee

le mobile
le mobile

le jeu de société
le jeu de société

le dé
le dé

le train miniature
le train miniature

la sucette
la sucette

la fête
la fête

le livre d'images
le livre d'images

la balle
la balle

la poupée
la poupée

jouer
jouer

le bac à sable
le bac à sable

la balançoire
la balançoire

les jouets
les jouets

la console de jeu
la console de jeu

le tricycle
le tricycle

l'ours en peluche
l'ours en peluche

l'armoire
l'armoire

les vêtements
les vêtements

les chaussettes
les chaussettes

les bas
les bas

le collant
le collant

l'écharpe
l'écharpe

le parapluie
le parapluie

le t-shirt
le t-shirt

la ceinture
la ceinture

les bottes
les bottes

les pantoufles
les pantoufles

les baskets
les baskets

les sandales
les sandales

les chaussures
les chaussures

les bottes de caoutchouc
les bottes de caoutchouc

le linge de corps
les sous-vêtements

le soutien-gorge
le soutien-gorge

le maillot de corps
le maillot de corps

les vêtements - les vêtements

le body
le body

le pantalon
le pantalon

le jean
le jean

la jupe
la jupe

le chemisier
le chemisier

la chemise
la chemise

le pull
le pull

le pull-over à capuche
le sweat à capuche

la veste
la veste

la veste
la veste

le manteau
le manteau

l'imperméable
l'imperméable

le costume
le costume

la robe
la robe

la robe de mariée
la robe de mariée

le costume

le costume

la chemise de nuit

la chemise de nuit

le pyjama

le pyjama

le sari

le sari

le foulard

le foulard

le turban

le turban

la burqa

la burqa

le caftan

le caftan

l'abaya

l'abaya

le maillot de bain

le maillot de bain

le costume de bain

le maillot de bain

les cuissettes

le short

la tenue d'entraînement

la tenue d'entraînement

le tablier

le tablier

les gants

les gants

le bouton

le bouton

les lunettes

les lunettes

le bracelet

le bracelet

le collier

le collier

la bague

la bague

la boucle d'oreille

la boucle d'oreille

le bonnet

le bonnet

le cintre

le cintre

le chapeau

le chapeau

la cravate

la cravate

la fermeture éclair

la fermeture éclair

le casque

le casque

les bretelles

les bretelles

l'uniforme scolaire

l'uniforme scolaire

l'uniforme

l'uniforme

le bavoir
le bavoir

la sucette
la sucette

la couche
la lange

le serveur
le serveur

l'armoire d'archivage
l'armoire d'archivage

l'imprimante
l'imprimante

l'écran
l'écran

le papier
le papier

le bureau
le bureau

la souris
la souris

le classeur
le classeur

le clavier
le clavier

la corbeille à papier
la corbeille à papier

l'ordinateur
l'ordinateur

la chaise
la chaise

la tasse à café
la tasse de café

la calculatrice
la calculatrice

l'internet
l'internet

l'ordinateur portable

l'ordinateur portable

la lettre

la lettre

le message

le message

le portable

le portable

le réseau

le réseau

la photocopieuse

la photocopieuse

le logiciel

le logiciel

le téléphone

le téléphone

la prise

la prise

le fax

le fax

le formulaire

le formulaire

le document

le document

acheter

acheter

payer

payer

marchander

faire du commerce

la monnaie

la monnaie

le dollar

le dollar

l'euro

l'euro

le yen

le yen

le rouble

le rouble

le franc suisse

le franc suisse

le renminbi yuan

le renminbi yuan

la roupie

la roupie

le distributeur automatique

le distributeur automatique

le bureau de change

le bureau de change

l'or

l'or

l'argent

l'argent

le pétrole

le pétrole

l'énergie

l'énergie

le prix

le prix

le contrat

le contrat

la taxe

la taxe

l'action

l'action

travailler

travailler

l'employé

l'employé

l'employeur

l'employeur

l'usine

l'usine

le magasin

le magasin

l'économie - l'économie

les professions

l'agent de police
l'agent de police

le pompier
le pompier

le cuisinier
le cuisinier

le médecin
le médecin

le pilote
le pilote

le jardinier
le jardinier

le menuisier
le menuisier

la couturière
la couturière

le juge
le juge

le chimiste
le chimiste

l'acteur
l'acteur

le conducteur de bus

le conducteur de bus

le chauffeur de taxi

le chauffeur de taxi

le pêcheur

le pêcheur

la femme de ménage

la femme de ménage

le couvreur

le couvreur

le serveur

le serveur

le chasseur

le chasseur

le peintre

le peintre

le boulanger

le boulanger

l'électricien

l'électricien

l'ouvrier

l'ouvrier

l'ingénieur

l'ingénieur

le boucher

le boucher

le plombier

le plombier

le facteur

le facteur

les professions - les professions

le soldat
le soldat

l'architecte
l'architecte

le caissier
le caissier

le fleuriste
le fleuriste

le coiffeur
le coiffeur

le contrôleur
le contrôleur

le mécanicien
le mécanicien

le capitaine
le capitaine

le dentiste
le dentiste

le scientifique
le scientifique

le rabbin
le rabbin

l'imam
l'imam

le moine
le moine

le prêtre
le prêtre

le marteau
le marteau

les pinces
les pinces

le tournevis
le tournevis

la clé
la clé

la torche
la torche

la pelleteuse
la pelleteuse

la boîte à outils
la boîte à outils

l'échelle
l'échelle

la scie
la scie

les clous
les clous

la perceuse
la perceuse

réparer

réparer

la pelle

la pelle

Mince!

Mince !

la pelle

la pelle

le pot de peinture

le pot de peinture

les vis

les vis

les instruments de musique

les instruments de musique

le haut-parleur
le haut-parleurs

la batterie
la batterie

la guitare
la guitare

la contrebasse
la contrebasse

la trompette
la trompette

le piano

le piano

le violon

le violon

la basse

la basse

les timbales

les timbales

le tambour

le tambour

le piano électrique

le piano électrique

le saxophone

le saxophone

la flûte

la flûte

le microphone

le microphone

l'entrée
l'entrée

le tigre
le tigre

la cage
la cage

le zèbre
le zèbre

l'alimentation animale
l'alimentation animale

le panda
le panda

les animaux
les animaux

l'éléphant
l'éléphant

le kangourou
le kangourou

le rhinocéros
le rhinocéros

le gorille
le gorille

l'ours
l'ours

le chameau

le chameau

l'autruche

l'autruche

le lion

le lion

le singe

le singe

le flamand rose

le flamand rose

le perroquet

le perroquet

l'ours polaire

l'ours polaire

le pingouin

le pingouin

le requin

le requin

le paon

le paon

le serpent

le serpent

le crocodile

le crocodile

le gardien de zoo

le gardien de zoo

le phoque

le phoque

le jaguar

le jaguar

le poney

le poney

le léopard

le léopard

l'hippopotame

l'hippopotame

la girafe

la girafe

l'aigle

l'aigle

le sanglier

le sanglier

le poisson

le poisson

la tortue

la tortue

le morse

le morse

le renard

le renard

la gazelle

la gazelle

l'american Football
l'american Football

le cyclisme
le cyclisme

le tennis
le tennis

le basket-ball
le basket-ball

la natation
la natation

le hockey sur glace
le hockey sur glace

la boxe
la boxe

le football
le football

le badminton
le badminton

l'athlétisme
l'athlétisme

le handball
le handball

le ski
le ski

le polo
le polo

sauter
sauter

rire
rire

embrasser
embrasser

marcher
marcher

chanter
chanter

rêver
rêver

prier
prier

faire la bise
faire la bise

écrire
écrire

dessiner
dessiner

montrer
montrer

pousser
pousser

donner
donner

prendre
prendre

avoir
avoir

faire
faire

être
être

être debout
être debout

courir
courir

trier
trier

jeter
jeter

tomber
tomber

être couché
être couché

attendre
attendre

porter
porter

être assis
être assis

s'habiller
s'habiller

dormir
dormir

se réveiller
se réveiller

regarder

regarder

pleurer

pleurer

caresser

caresser

peigner

peigner

parler

parler

comprendre

comprendre

demander

demander

écouter

écouter

boire

boire

manger

manger

ranger

ranger

aimer

aimer

cuire

cuire

conduire

conduire

voler

voler

faire de la voile

faire de la voile

calculer

calculer

lire

lire

apprendre

apprendre

travailler

travailler

se marier

se marier

coudre

coudre

se brosser les dents

brosser les dents

tuer

tuer

fumer

fumer

envoyer

envoyer

grand-mère
grand-mère

le grand-père
le grand-père

le père
le père

la mère
la mère

le bébé
le bébé

la fille
la fille

le fils
le fils

l'hôte
l'hôte

la tante
la tante

l'oncle
l'oncle

le frère
le frère

la sœur
la sœur

le front
le front

l'œil
l'œil

l'épaule
l'épaule

le doigt
le doigt

le visage
le visage

le menton
le menton

la main
la main

la poitrine
la poitrine

la jambe
la jambe

le bras
le bras

le bébé
....
le bébé

l'homme
....
l'homme

la femme
....
la femme

la fille
....
la fille

le garçon
....
le garçon

la tête
....
la tête

le dos
le dos

le ventre
le ventre

le nombril
le nombril

l'orteil
l'orteil

le talon
le talon

l'os
l'os

la hanche
la hanche

le genou
le genou

le coude
le coude

le nez
le nez

les fesses
les fesses

la peau
la peau

la joue
la joue

l'oreille
l'oreille

la lèvre
la lèvre

la bouche
la bouche

la dent
la dent

la langue
la langue

le cerveau
le cerveau

le cœur
le cœur

le muscle
le muscle

les poumons
les poumons

le foie
le foie

l'estomac
l'estomac

les reins
les reins

le rapport sexuel
le rapport sexuel

le préservatif
le préservatif

l'ovule
l'ovule

le sperme
le sperme

la grossesse
la grossesse

la menstruation

la menstruation

le vagin

le vagin

le pénis

le pénis

le sourcil

le sourcil

les cheveux

les cheveux

le cou

le cou

l'hôpital
l'hôpital

l'ambulance
l'ambulance

le fauteuil roulant
le fauteuil roulant

la fracture
la fracture

le médecin
le médecin

le service des urgences
le service des urgences

l'infirmière
l'infirmière

l'urgence
l'urgence

inconscient
inconscient

la douleur
la douleur

la blessure

la blessure

l'hémorragie

l'hémorragie

la crise cardiaque

la crise cardiaque

l'attaque cérébrale

l'attaque cérébrale

l'allergie

l'allergie

la toux

la toux

la fièvre

la fièvre

la grippe

la grippe

la diarrhée

la diarrhée

le mal de tête

le mal de tête

le cancer

le cancer

le diabète

le diabète

le chirurgien

le chirurgien

le scalpel

le scalpel

l'opération

l'opération

le CT
le CT

la radiographie
la radiographie

l'échographie
l'échographie

le masque
le masque

la maladie
la maladie

la salle d'attente
la salle d'attente

la béquille
la béquille

le pansement
le pansement

le pansement
le pansement

l'injection
l'injection

le stéthoscope
le stéthoscope

le brancard
le brancard

le thermomètre
le thermomètre

l'accouchement
l'accouchement

le surpoids
la surcharge pondérale

l'appareil auditif
l'appareil auditif

le désinfectant
le désinfectant

l'infection
l'infection

le virus
le virus

le VIH / le sida
le VIH / le sida

le médicament
le médicament

la vaccination
la vaccination

les tablettes
les comprimés

la pilule
la pilule

l'appel d'urgence
l'appel d'urgence

le tensiomètre
le tensiomètre

malade / sain
malade / sain

Au secours!

Au secours !

l'alarme

l'alarme

l'agression

l'assaut

l'attaque

l'attaque

le danger

le danger

la sortie de secours

la sortie de secours

Au feu!

Au feu!

l'extincteur

l'extincteur

l'accident

l'accident

la trousse de premier secours

la trousse de premier secours

SOS

SOS

la police

la police

l'Europe

l'Europe

l'Amérique du Nord

l'Amérique du Nord

l'Amérique du Sud

l'Amérique du Sud

l'Afrique

l'Afrique

l'Asie

l'Asie

l'Australie

l'Australie

l'Océan atlantique

l'Océan atlantique

l'Océan pacifique

l'Océan pacifique

l'Océan indien

l'Océan indien

l'Océan antarctique

l'Océan antarctique

l'Océan arctique

l'Océan arctique

le Pôle nord

le Pôle nord

le Pôle sud
le Pôle sud

l'Antarctique
l'Antarctique

la terre
la terre

le pays
le pays

la mer
la mer

l'île
l'île

la nation
la nation

l'état
l'état

le cadran

le cadran

l'aiguille des heures

l'aiguille des heures

l'aiguille des minutes

l'aiguille des minutes

l'aiguille des secondes

l'aiguille des secondes

Quelle heure est-il?

Quelle heure est-il ?

le jour

le jour

le temps

le temps

maintenant

maintenant

la montre digitale

la montre digitale

la minute

la minute

l'heure

l'heure

lundi
lundi

mercredi
mercredi

vendredi
vendredi

mardi
mardi

samedi
samedi

jeudi
jeudi

dimanche
dimanche

hier
hier

aujourd'hui
aujourd'hui

demain
demain

le matin
le matin

le midi
le midi

le soir
le soir

les jours ouvrables
les jours ouvrables

le week-end
le week-end

la pluie
la pluie

l'arc-en-ciel
l'arc-en-ciel

le vent
le vent

la neige
la neige

le printemps
le printemps

l'automne
l'automne

l'été
l'été

l'hiver
l'hiver

4.APRIL	11°	☀
5.APRIL	4°	☁
6.APRIL	13°	☁
7.APRIL	8°	❄
8.APRIL	10°	☀

la météo
la météo

le thermomètre
le thermomètre

la lumière du soleil
la lumière du soleil

le nuage
le nuage

le brouillard
le brouillard

l'humidité
l'humidité

la foudre

la foudre

le tonnerre

le tonnerre

la tempête

la tempête

la grêle

la grêle

la mousson

la mousson

l'inondation

l'inondation

la glace

la glace

janvier

janvier

février

février

mars

mars

avril

avril

mai

mai

juin

juin

juillet

juillet

août

août

l'année - l'année

septembre
----
septembre

octobre
----
octobre

novembre
----
novembre

décembre
----
décembre

les formes

les formes

le cercle
----
le cercle

le carré
----
le carré

le rectangle
----
le rectangle

le triangle
----
le triangle

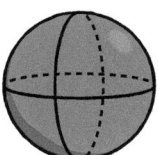

la sphère
----
la sphère

le cube
----
le cube

blanc
blanc

jaune
jaune

orange
orange

rose
rose

rouge
rouge

violet
violet

bleu
bleu

vert
vert

marron
marron

gris
gris

noir
noir

beaucoup / peu

beaucoup / peu

fâché / calme

fâché / calme

joli / laid

joli / laid

le début / la fin

le début / la fin

grand / petit

grand / petit

clair / obscure

clair / obscure

le frère / la sœur

frère / soeur

propre / sale

propre / sale

complet / incomplet

complet / incomplet

le jour / la nuit

le jour / la nuit

mort / vivant

mort / vivant

large / étroit

large / étroit

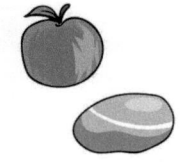

comestible / incomestible

comestible / incomestible

méchant / gentil

méchant / gentil

excité / ennuyé

excité / ennuyé

gros / mince

gros / mince

le premier / le dernier

le premier / le dernier

l'ami / l'ennemi

l'ami / l'ennemi

plein / vide

plein / vide

dur / souple

dur / souple

lourd / léger

lourd / léger

faim / soif

faim / soif

malade / sain

malade / sain

illégal / légal

illégal / légal

intelligent / stupide

intelligent / stupide

gauche / droite

gauche / droite

proche / loin

proche / loin

nouveau / usé

nouveau / usé

rien / quelque chose

rien / quelque chose

vieux / jeune

vieux / jeune

marche / arrêt

marche / arrêt

ouvert / fermé

ouvert / fermé

faible / fort

faible / fort

riche / pauvre

riche / pauvre

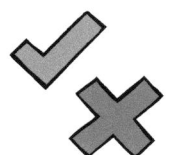

correct / incorrect

correct / incorrect

rugueux / lisse

rugueux / lisse

triste / heureux

triste / heureux

court / long

court / long

lent / rapide

lent / rapide

mouillé / sec

mouillé / sec

chaud / froid

chaud / froid

la guerre / la paix

la guerre / la paix

0

zéro

zéro

1

un

un / une

2

deux

deux

3

trois

trois

4

quatre

quatre

5

cinq

cinq

6

six

six

7

sept

sept

8

huit

huit

9

neuf

neuf

10

dix

dix

11

onze

onze

12

douze

douze

13

treize

treize

14

quatorze

quatorze

15

quinze

quinze

16

seize

seize

17

dix-sept

dix-sept

18

dix-huit

dix-huit

19

dix-neuf

dix-neuf

20

vingt

vingt

100

cent

cent

1.000

mille

mille

1.000.000

le million

le million

les langues

l'anglais

l'anglais

l'anglais américain

l'anglais américain

le chinois mandarin

le chinois mandarin

le hindi

le hindi

l'espagnol

l'espagnol

le français

le français

l'arabe

l'arabe

le russe

le russe

le portugais

le portugais

le bengali

le bengali

l'allemand

l'allemand

le japonais

le japonais

je
je

tu
tu

il / elle
il / elle / ce, c', cela

nous
nous

vous
vous

ils / elles
ils / elles

qui?
Qui ?

quoi?
Quoi ?

comment?
Comment ?

où?
Où ?

quand?
Quand ?

le nom
le nom

derrière
....
derrière

dans
....
dans

devant
....
devant

au-dessus
....
au-dessus

sur
....
sur

en-dessous
....
en-dessous

à côté de
....
à côté de

entre
....
entre

le lieu
....
le lieu